Una aniquilación fallida

Carlota Gurt

Una aniquilación fallida

**Una [cāpsula] sobre
la libido femenina en la historia**

**NOW
BOOKS**

Primera edición: noviembre de 2025
© De los textos: Carlota Gurt Daví, 2025
Derechos negociados a través de Asterisc Agents

© De esta edición:
Cápsula
Calle del Peu de la Creu, 4
08001 - Barcelona

Cápsula es una colección de ensayo breve de Now Books.

Dirección editorial: Joan Carles Girbés
Edición: Raquel M. Martínez
Edición de mesa y producción: Neus Duran y Mar Meruelo
Corrección: Paula Jusdado y Roger Berengué (Growords Serveis
Lingüístics)
Diseño: Marc Cubillas
Fotocomposición: Growords Serveis Lingüístics
Impresión: QPprint

ISBN: 979-13-87801-11-3
Depósito legal: B 18583-2025

A todos los hombres
que he disfrutado

NOTA
(Por favor, léela)

Una aniquilación fallida es una conferencia performativa producida en colaboración con el Festival Clàssics. La estrené en el Festival Dansàneu el día 1 de agosto de 2025 y la he presentado en otros espacios. En otoño de 2025, por primera vez en mi vida, me he subido a un escenario y el público ha pagado por escucharme.

El texto que tienes en tus manos no es, por tanto, un texto concebido para ser leído, sino para ser dicho, o más bien para ser escuchado y visto. Por ese motivo, he incluido comentarios y marcas de oralidad, anómalos en un ensayo, como las acotaciones y las mayúsculas para enfatizar. Debido a las limitaciones de tiempo en la versión escenificada y de espacio en la versión escrita, me he visto obligada a dejar de lado muchas ideas interesantes. De hecho, el contenido del libro y el del monólogo son en algunos puntos algo distintos, especialmente porque el primero es un poco más extenso que el segundo y omite algunos elementos que solo tienen sentido en el contexto teatral. El texto no debe leerse como un ensayo exhaustivo, sino como una aproximación histórica, pero también personal, al discurso sobre el deseo femenino que ha existido a lo largo de la historia.

Gracias a quienes me leeréis, a los que vendréis a verme, a los festivales y teatros que me programarán, a todos los que habéis confiado en mí para sacar adelante este proyecto.

(*Salgo al escenario. Llevo un vestido y unos grandes pendientes con forma de aguacate. En la mano sostengo unos tarjetones amarillos a los que podré recurrir si los nervios me la juegan; no sería la primera vez que me quedo en blanco en público. Los espectadores no están del todo a oscuras: he pedido que mantengan algo de luz de sala; no me gustaba la idea de dirigirme a una oscuridad sin ojos. Me sudan las manos por los nervios. Antes de comenzar, me las seco disimuladamente en el vestido. Empiezo a hablar demasiado rápido; más que decir palabras, las disparo. Hay días que, por culpa de la desazón, tengo la voz tomada. Sin querer, gesticulo exageradamente, como si al mover las manos consiguiera hacerme entender mejor*).

Buenas noches y gracias por estar aquí.

Tengo que deciros que estoy muerta de miedo. Porque, como sabéis, no soy actriz ni guionista, ni tampoco especialmente sabia. Y, sin embargo, me subo hoy a este escenario para hablaros de la libido. La verdad es que también tengo miedo de pronunciarlo mal, como he hecho toda la vida, y decir *líbido* en lugar de *libído*. Os quiero hablar del tema porque me interesa mucho el discurso que ha habido a lo largo de la historia alrededor del deseo sexual de las mujeres. Y cuando digo discurso, podría decir relato, mentiras o patrañas.

Llevo años observando que existe una incongruencia entre lo que yo he vivido y lo que la sociedad dice sobre la libido femenina; para ser exacta, una incongruencia MUY irritante. Por ejemplo, desde niña he visto que en muchas películas a las mujeres les viene jaqueca cuando el hombre quiere mojar, pero en la vida real, en MI vida real, a menudo han sido ellos quienes tenían pereza, dolor de cabeza, sueño, pocas ganas o una partida de *Candy Crush* a medias. Y sé por mis amigas que no soy la única que se ha encontrado este panorama.

Incluso mi madre, una cristiana devota y puritana, que nunca me habló de sexo, a la que nunca vi desnuda y que ni siquiera me explicó qué era la regla —qué crueldad: cuando me vino creí que me lo había hecho encima—, incluso ella me confesó un día, cuando la desinhibición del alzhéimer ya empezaba a hacer estragos, que mi padre «había perdido la virtud muy joven» y que ella «se lo hacía sola».

También fue ella quien me echó por tierra la leyenda de la vejez asexuada. El día que le presenté a mi pareja, el señor M., ya tenía la demencia desatada. Después de darle un repaso sin ningún disimulo, le dijo con ojitos maliciosos: «Uy, si yo fuera más joven...». *(Abro los ojos como platos)*. Años más tarde, cuando llevaba tiempo marchita en una silla de ruedas y no articulaba palabra, fuimos a visitarla con el señor M. y, apenas lo vio, exclamó: *(pausa)* «¡Qué guapo!».

La tía: meses sin decir ni mu con la mirada perdida y le llevas un macho y habla.

He observado también que ahora que estamos todos tan supuestamente liberados, sigue habiendo un doble rasero para hombres y mujeres, o mejor dicho para hombres heterosexuales y el resto del mundo; un doble rasero que se nota en cosas concretísimas, por ejemplo, en los periodistas culturales. Os contaré un par de casos:

Hace unos años publiqué *Sola*, una novela de 370 páginas que transcurre durante seis meses, a lo largo de los cuales la protagonista se hace cuatro pajas. Pues bien, varios periodistas consideraron que era oportuno y natural preguntarme por esa presencia tan locamente desorbitada de sexo: cuatro pajas en seis meses, ¿cuándo se ha visto tal cosa, eh? El día que se enteren de que hay mujeres que se hacen cuatro pajas al día, les va a dar una apoplejía severa.

Esto contrasta con la experiencia del señor M., que también escribe libros, en algunos de los cuales hay mamadas cada diez páginas y nunca, repito, NUNCA, ningún periodista le ha preguntado por el sexo.

Otro caso: Leticia Asenjo publicó sus experiencias sexuales tragicómicas de después de divorciarse. Más de un periodista le preguntó: «¿Pero esto ya lo ha leído tu madre?».

¿Hola? ¿Perdona?

¿Cómo que si ya lo ha leído su madre? ¿Han preguntado jamás algo similar a un escritor varón? Al señor M. os aseguro que tampoco.

Estos dos ejemplos demuestran que todavía hoy se considera noticiable y extraordinario, o incluso reprochable, que una mujer hable de sexo, escriba sobre sexo, tenga ganas de sexo.

No deja de ser curioso, sobre todo teniendo en cuenta que hace no tantos siglos se nos consideraba seres sexualmente insaciables. Por eso me propuse investigar cómo hemos llegado hasta aquí, qué nos ha llevado de la lujuria extrema a la jaqueca precoital. Pretendía hilar este monólogo con textos escritos por mujeres a lo largo de la historia, en los que se mostrara su deseo, pero como hay relativamente pocas mujeres escritoras y todavía menos que escriban sobre sus calenturas, deberemos observar la libido femenina como se observa a los invisibles agujeros negros: por los efectos sobre lo que los rodea.

Un amigo me dio unos consejos para el monólogo: no te aceleres (en eso ya vamos mal, y pongo la mano en el fuego por que la cosa no va a mejorar) y no hables como si estuvieras enfadada: sonríe. Muy bien, pues: *(hago una sonrisa falsa y exagerada, el público se ríe).*

No tenemos mucho espacio, y no me ha cabido todo, así que empecemos.

Y empezaremos por el principio:

> «Inanna dijo:
> Mi vulva […]
> ESTÁ LLENA DE ANSIA COMO UNA LUNA JOVEN.
> Mi tierra sin labrar continúa baldía.
> Y a mí, Inanna,
> ¿quién me labrará la vulva?
> ¿Quién me labrará el campo elevado?
> ¿Quién me labrará la tierra húmeda?».

Se trata de un fragmento de un texto sumerio, es decir, uno de los primeros textos de la historia de la humanidad, que nos habla de Inanna, su diosa de la fertilidad, el amor y la guerra, una figura que después se reconvertiría en Ishtar, Venus o Afrodita. Los

sumerios también tienen un himno que dice
así:

>«Inanna se puso la corona de la estepa.
>Se acercó al redil de ovejas, al pastor.
>Se apoyó en el manzano.
>Cuando se apoyó en el manzano, su vulva era MARAVILLOSA DE CONTEMPLAR.
>Complaciéndose en su vulva maravillosa, la joven Inanna se celebró a sí misma».

De esto hace más de cuatro mil años. Y hasta aquí las buenas noticias de este monólogo.

(Pausa).

Pero aún tenían que pasar muchísimas cosas antes de llegar a la idea delirante de que las mujeres son sexualmente unas desganadas.

Vámonos a la Grecia clásica. Allí la mujer estaba más coartada y no le estaba permitido complacerse tanto en su vulva maravillosa. Así lo atestiguan, por ejemplo, las leyes que regulaban el adulterio y que —¡oh, sorpresa!— eran mucho más duras con las mujeres que con los hombres: para las mujeres, se consideraba adulterio acostarse con cualquiera que no fuera el marido, mientras que para los hombres adulterio significaba follarse a una mujer casada, es decir, que no pasaba nada si jugaban al teto con esclavas, solteras, prostitutas, etcétera. Pequeña diferencia, que se perpetuaría con variaciones en el derecho posterior. En las leyes romanas, en el Código de Recesvinto del siglo VII y en el Fuero Juzgo, que en algunas zonas estuvo vigente hasta el XIX, el adulterio femenino es castigado con mayor severidad y tiene una definición diferente del adulterio masculino. Así, por ejemplo, el Fuero Juzgo tiene disposiciones específicas para «las mujeres promiscuas y de vida licenciosa», pero no para los hombres promiscuos y de vida licenciosa. A pesar de todo, hay que reconocer que ahí al menos todavía se nos consideraba seres sexuales: se desaconsejaba que una mujer se casase con un hombre más joven porque la avidez sexual de ella podía corromperlo.

Pero volvamos con los griegos. La verdad es que, en Grecia, de las mujeres decentes se esperaba que tuvieran hijos y se estuvieran quietecitas en casa, que para eso tenían su propia estancia, el gineceo.

En relación al sexo, Plutarco escribió: «La mujer no debe evitar o poner objeciones cuando el marido comienza a hacerle el amor, pero tampoco debe ser ella quien empiece; en un caso está sobreexcitada como una prostituta, en el otro se comporta de modo frío y carente de afecto». Ya veis que la idea de asimilar avidez sexual femenina con ser una guarra viene de lejos. También Apolodoro dijo: «Tenemos amigas (hetairai) para el placer, concubinas (pallakai) para el cuidado diario de nuestras personas, pero son nuestras esposas las que nos dan hijos legítimos y son fieles guardianas de nuestro hogar».

Ahora bien, aunque en Grecia ya se empieza a arrinconar nuestro placer, todavía podemos detectar señales de vida, por ejemplo, en el hecho de que tengan un verbo formidable como es «clitorizar», que significa exactamente lo que estáis pensando: menearse el merengue. O también en la literatura, donde encontramos personajes tales como Circe o Calipso, que hacen todo lo que pueden para echarse un pistacho con Ulises. Cuando Zeus obliga a Calipso a dejar marchar a Ulises, a quien ha retenido durante largo tiempo, ella se queja: «¡Siempre estáis celosos y odiáis que una diosa se encapriche de un mortal y viva con él como marido y mujer!». Lo dice porque también Aurora raptó a Orión y se lo llevó a una isla para beneficiárselo hasta que Artemisa lo mató; y Zeus mata a Yasión después de rastrojar tres veces con Deméter, etc.

Pero, en la literatura griega, seguramente la figura más destacada que habla del deseo de las mujeres es Safo, la poetisa que hace tres mil años cantaba a su ardiente coño:

«[…] Eso, de verdad,
me trastorna el corazón en el pecho,
pues al mirarte un instante, ya no puedo
decir una palabra:

la lengua se me quiebra, y al punto
un sutil fuego me recorre la piel,
nada veo con mis ojos y me zumban
fuertemente los oídos.

Un sudor frío me baña y un temblor
toda me agita, más verde que la hierba
me vuelvo, y siento que me falta poco
para estar muerta.

Pero todo puede soportarse, porque…»,
dijo Safo.

«Eros agitó mis sentidos
como un viento, en la montaña, cae sobre
las encinas», dijo.

«Anhelo y con ardor deseo», dijo.
«¡Nos abrasas!», dijo.

El deseo femenino también asoma en las co-
medias de Aristófanes, que no era precisamente un señor muy feminista. Por ejemplo,
en *Lisístrata*, las mujeres, hartas de tener a
los hombres en la guerra, deciden que deben
hacer algo para detenerla y que vuelvan.
Lisístrata propone una huelga de coito. Pre-
cedentes no les faltan, dicen; también Me-
nelao abandonó la espada cuando le vio «los
membrillos» —o, en otras versiones, «las
manzanas»— a Helena *(haciendo el gesto de*

sopesar dos pechos invisibles en el aire). La verdad es que la fruta da para mucho: tenemos los membrillos o manzanas, las peras, los melones, los higos y también los aguacates *(tocándome los pendientes de aguacate)*. ¿Los aguacates? Pues sí. En la lengua náhuatl, de la que deriva esta palabra, aguacate significa testículo. La próxima vez que comáis guacamole os acordaréis de mí.

El caso es que Lisístrata propone a las mujeres la huelga de sexo y ellas se giran, se van, y Cleonica dice: «No soy capaz de hacerlo: la guerra continúe. [...] Otra cosa, otra, la que quieras. Si es preciso, estoy dispuesta a marchar por medio del fuego. Esto antes que el cipote: no hay otra cosa como él». Y Mírrina está de acuerdo: «Yo también prefiero a través del fuego».

Algo que les preocupa bastante es qué harán si los hombres deciden abandonarlas por culpa de la huelga. Lisístrata lo tiene claro: «despellejar a una perra ya despellejada», lo que según la nota del traductor y trasladada a lenguaje callejero significa «tendremos que matarnos a pajas». Total, que deciden seguir adelante con la huelga, pero las mujeres enseguida empiezan a mentir y a escaparse para ir a chuscar con el marido, hasta que Lisístrata, desesperada, sentencia: «Tenemos ganas de joder, para decirlo lo más breve».

(Pausa. Camino arriba y abajo del escenario. Ya llevo un rato hablando y no estoy tan nerviosa. Que el público estalle a reír de vez en cuando me da seguridad).

También a los griegos les debemos una historia que nos interesa. Dice Apolodoro que Zeus y Hera discutían sobre quién de los dos sentía más placer con el sexo y, al no ponerse de acuerdo, decidieron preguntar a Tiresias, quien, por razones mitológicamente rocambolescas, había sido mujer durante unos años de su vida. Y Tiresias les dijo: «Si el placer tuviera diez partes, los hombres gozarían solo de UNA y las mujeres de NUEVE». Este tema, el del disfrute sexual muy superior en la mujer, es retomado por Ovidio en las *Metamorfosis* y más adelante por la cultura musulmana. Pero antes de hablar de Mahoma, conviene que hablemos de Yahvé, que es quien planta quizá más profundamente la semilla de la sumisión de la mujer en todos los sentidos, también el sexual.

Ya sabéis la historieta de la Biblia que explica que la mujer es un subproducto del hombre, todo eso de Eva y la costilla de Adán, blablablá, y también tenemos esas célebres frases del Génesis *(con voz solemne):* «Mucho te haré sufrir en tu preñez, parirás hijos con dolor, tendrás ansia de tu marido, y él te dominará».

Lo cierto es que, desde la invención del dios hebreo, ser mujer ha sido una desgracia. Todavía hoy, en sus oraciones matinales, los hombres judíos CADA DÍA dan gracias a Dios por no haber nacido mujer.

Las ideas misóginas de la Biblia tienen su punto culminante en la carta de San Pablo a los Corintios, que dice cosas así: «La cabeza de todo varón es Cristo y la cabeza de la mujer es el varón»; y manda «que las mujeres CALLEN en las asambleas, pues no les está permitido hablar; más bien, que se sometan».

En el Antiguo Testamento también encontramos mujeres sexualmente voraces y se explica que «hay tres cosas que nunca se sacian y cuatro que no dicen basta»: una de las tres cosas insaciables es el seno estéril. Quizá la mujer libidinosa más célebre de los textos sagrados es «la mujer de Putifar», que, al igual que tantas otras mujeres de la Biblia, no tiene un nombre propio: la mujer de Lot, la hija del Faraón, la buena samaritana, la mujer adúltera, etc.

José, hijo de Raquel (y uno de la docena de hijos que tuvo Jacob con otras mujeres), después de pasar por toda una serie de desgracias y ser vendido como esclavo, comienza a trabajar en casa de Putifar:

«José era de buen tipo y bello semblante. Después de cierto tiempo, la mujer de su amo puso sus ojos en José y le dijo: "Acuéstate conmigo". Pero él rehusó, y dijo a la mujer de su amo: "Mira, mi amo no se preocupa de lo que hay en la casa y todo lo suyo lo ha puesto en mi mano. Él no ejerce más autoridad en esta casa que yo, y no se ha reservado nada sino a ti, porque eres su mujer. ¿Cómo voy a cometer yo semejante injusticia y a pecar contra Dios?". Y, aunque ella insistía un día y otro, José no accedió a acostarse ni a estar con ella. Pero cierto día entró él en casa para hacer su trabajo y no había ningún criado allí en la casa. Ella lo agarró por su vestido y le dijo: "Acuéstate conmigo". Pero él, dejando el vestido en su mano, salió y huyó. Cuando ella vio que él había dejado el traje atrás y había huido, llamó a sus criados y les dijo: "Mirad, nos han traído un hebreo para que se aproveche de nosotros; ha venido a mí para acostarse conmigo, pero yo he gritado. Al oír que yo alzaba la voz y gritaba, dejó su vestido junto a mí y huyó».

Ya veis que la mujer de Putifar no era solo lasciva, sino también una mala pécora. De hecho, según la Biblia, la maldad también es cosa especialmente de mujeres: «Toda malicia es poca junto a la de la mujer, […] la mujer empezó el pecado, y por su culpa todos morimos».

También Pandora, al igual que Eva, es una mujer que trajo todos los males al mundo, o Helena la causante de la Guerra de Troya, etcétera. ¿Y esto qué tiene que ver con la libido? Pues mucho: si te hacen callar y te hacen sentir inferior, si te dan la culpa de una minucia como son TODOS LOS MALES DEL MUNDO, quizá sea normal que no te apetezca echar un polvo.

Todavía hoy, en nuestra lengua, podemos encontrar rastros de la idea de que, también en el sexo, la mujer es un elemento subordinado al hombre. La palabra vagina es una palabra latina que significa vaina, es decir, estuche, funda. Así pues, la palabra que designa nuestros genitales ya indica que no tienen sentido por sí solos, sino que tienen un valor instrumental para el arma, la espada o la daga del macho.

Puede que alguien piense que todo eso es cosa del pasado, que ahora el placer de las mujeres ya no está subordinado al de los hombres. Os voy a contar una historia:

Después de divorciarme, durante unos meses estuve en el mercado de la carne y las salchichas. Hacía años que no lo pisaba e, ingenua de mí, pensaba que con la matraca de las nuevas masculinidades —que son como Dios: todo el mundo habla de ellas, pero nunca las ha visto nadie— la cosa habría cambiado. El caso es que, durante esos meses, tres hombres, TRES, me dejaron a medias. No todos a la vez, eh, uno tras otro. *(Mirando al público como si buscara a alguien).* Esteve y compañía, si estáis entre el público, os mando un beso desde aquí arriba. Os juro que parecían hombres normales: formados, inteligentes, modernos, progres. Que, mira, quizá de un tipo de derechas me lo hubiera esperado, ¿no? Yo qué sé. Sea como sea, tres veces. Y creedme si os digo que no soy mujer de orgasmo difícil, que las hay y, como iremos viendo, no me extraña EN ABSOLUTO que las haya. Ellos vaciaron el cargador y ni se les ocurrió continuar o preguntar. Yo me quedé tan estupefacta que no protesté. Luego me dije: «Calla, quizá se han creído que con cuatro besos yo ya me daba por satisfecha».

Eso es algo que seguro que nadie hubiera pensado de mí ni de ninguna mujer en la Edad Media.

Hablemos un poco de la Edad Media, venga. En la península, estamos en al-Ándalus. Pese a lo que ahora pueda parecernos, la religión musulmana en principio no era tan restrictiva como la católica con el tema del sexo.

Para los católicos, el sexo solo está legitimado dentro del matrimonio y únicamente con fines reproductivos; todo lo demás es pecado. De hecho, el placer siempre es un poco sospechoso para los cristianos o incluso se abomina: he leído historias de cristianas que se echaban cera caliente en la vulva antes del coito para evitar sentir placer *(pongo cara de dolor; no hace falta que la fuerce, siempre que digo esta frase me puedo imaginar la sensación terrible de la cera ardiente derramándose entre los labios vaginales).* Y también tenemos al señor Kellogg, el de los cereales, un adventista que ya más modernamente recomendaba echar ácido carbólico —que no sé qué es, pero que suena fatal— sobre los clítoris de las niñas que se masturbaban. ¡Qué aguacates tenía el señor Kellogg, señoras, qué aguacates!

En el islam, en cambio, el placer sexual no estaba mal visto *per se*, e incluso era deseable dentro del matrimonio. Es en territorios árabes donde aparecen los primeros tratados de erotología que después inspirarían muchas obras occidentales. En el siglo XIV, un erudito malikita escribía que las necesidades sexuales de la mujer deben prevalecer por encima de las del hombre. Hay también hadices musulmanes que hablan del goce femenino. Los hadices son textos breves recopilados a partir del siglo VII que recogen las enseñanzas del profeta Mahoma. Existen varios tipos, según si su fiabilidad es más o menos fuerte. Pero incluso los hadices débiles son aceptados si no entran en contradicción con la palabra del profeta. Hay uno que reza así:

«El mensajero de Dios dijo: "Cuando tengas sexo con tu mujer, no pares hasta que quede satisfecha tal y como a ti te gustaría quedar satisfecho"».

Esteve, cielo, vas tomando nota, eh.

Hay otro hadiz que cuantifica el tema:

«El profeta dijo: "Las mujeres tienen nueve décimas partes del deseo, mientras que los hombres solo tienen una décima parte, pero en las mujeres predomina la timidez"». ¿Os suena? Es exactamente la misma proporción de la que habla la leyenda de Zeus, Hera y Tiresias. Son varias, pues, las tradiciones que consideran que la mujer tiene mucho más deseo y placer sexual.

Pero dejemos a los musulmanes y vayamos con la cristiandad que empezaba a delirar, por ejemplo, con la historia de Lilit.

Lilitu era un espíritu nocturno de la mitología mesopotámica. Cuando el pueblo judío entra en contacto con esta mitología, se apropia de ella y la convierte en Lilit, que sigue siendo solo un espíritu maligno femenino. Es en la Edad Media cuando se transforma en una mujer de carne y hueso con el *Alfabeto de Ben Sira*, un libro anónimo de los siglos VIII-X (anónimo sí, pero sin duda escrito por un señor). Lilit no se convierte en una mujer cualquiera, sino en la primera mujer que jamás haya existido. Esta Lilit de carne y hueso inventada en el medievo personifica la concepción judeocristiana de la maldad femenina: una maldad que va ligada a la insumisión al varón, a la lujuria y a la voluntad de hacer daño a las criaturas (que un hombre mate niños es horroroso, pero en una mujer es inconcebible; solo puede ser obra del diablo). Pues bien, Lilit acaba condenada a ser la madre de todos los demonios.

¿Y cuál es la historia de la TERRIBLE y PÉRFIDA Lilit que justifica esta condena? Así lo explica el *Alfabeto de Ben Sira*:

«Cuando Dios creó al primer hombre, Adán, solo, Dios dijo: "No es bueno que el hombre esté solo". Así que Dios creó una mujer para él a partir de la tierra, al igual que a él, y la llamó Lilit. Adán y Lilit enseguida empezaron a discutir. Ella dijo: "No me acostaré debajo" [Sí, lo estáis entendiendo bien: se ponen al lío y ella no quiere estar debajo], y él dijo: "Yo tampoco me pondré debajo de ti, sino encima, ya que tú estás hecha para estar debajo y yo para estar encima". Ella le dijo: "Los dos somos iguales, puesto que ambos venimos de la tierra". Y no quisieron escucharse el uno al otro. Lilit, al ver todo esto, pronunció el nombre inefable de Dios y huyó volando. Adán se puso a rezar a su creador y dijo: "¡Señor del universo, la mujer que me diste ha huido!"».

En definitiva, que el gran pecado de Lilit fue querer ponerse encima para follar y, por no querer someterse, Dios la desterró y la condenó a ser la madre de todos los demonios.

Visto lo visto, cualquiera se atreve a tomar la iniciativa.

La idea de la mujer insaciable, justo en las antípodas de la idea de la mujer asexuada que aparecerá posteriormente, se abona también en nuestro país en varios textos, por ejemplo, en el *Espill*, de Jaume Roig, o en *El libro de las mujeres*, del franciscano Eiximenis, que dice:

«La mujer fue herida en la cabeza de lleno, y perdió tanto juicio que es tan poco el que le quedó que es casi nada. Y de esa pérdida tan grande le viene que la mujer no tiene freno en sus pasiones; y cuando la carne está toda corrompida en la naturaleza humana, de ello se sigue que en la mujer reinan las pasiones y malicias y maldades de la carne, pues no hay freno que las temple. Y esta es la razón por la que las mujeres son comúnmente protervas, pues siguen las pasiones corporales que son contrarias a la razón natural».

Y, por si no había quedado claro, lo remata así: «Hembra lujuriosa es como estiércol hediondo esparcido en el camino, el cual todo el mundo pisotea, pues así como tal estiércol es abominable y hediondo para cualquiera, así una tal hembra es abominable y hedionda para toda criatura sensata».

Todas estas ideas misóginas heredadas y después exacerbadas por la expansión del cristianismo cristalizan en la figura de la bruja y, en especial, en EL manual contra las brujas escrito por dos inquisidores dominicos en el siglo xv, titulado *Malleus Maleficarum* (*El martillo de las brujas*), un manual que gozó de gran difusión gracias a la reciente invención de la imprenta y que es considerado la chispa que encendió el delirio persecutorio de la caza de brujas. A mí me recuerda mucho a un libro que yo tenía de pequeña sobre David el Gnomo que explicaba cómo vivían los gnomos, qué comían, cómo se confeccionaban la ropa, etcétera. El *Malleus* viene a ser lo mismo, pero con las brujas: explica con un exhaustivo nivel de detalle cómo son y cómo viven, por qué no son ricas, cómo lo hacen para volar y para separar el miembro viril de sus propietarios, y muchas otras cosas en esta línea. Se estructura en varias preguntas; hay una que nos interesa especialmente: «¿Por qué las mujeres son las principales adeptas a las supersticiones malignas?», a lo que responde: «Debido a la debilidad de su mente y de su cuerpo, no resulta extraño que sucumban más al hechizo de la brujería». Los autores incluso se inventan una etimología de la palabra *fémina*: dicen que la palabra misma ya indica que las mujeres son personas con menos fe, porque *fémina* viene de fe y de *minus*. Que es más o menos como si yo afirmara que *masculino* deriva de mano y de culo, porque los hombres todo el día nos quieren meter mano en el culo, y, entonces, lo escribiera en un libro, lo leyera la gente y se lo creyera.

Sea como sea, nuestros adorables dominicos trastornados dicen que la razón natural para que haya más mujeres brujas que hombres es la siguiente: «La mujer es más carnal que el hombre, como se ve en sus ABOMINACIONES carnales. Y cabe señalar que hubo un defecto en la formación de la primera mujer, porque fue formada de una costilla curvada, es decir, de una costilla del pecho que está torcida, por así decirlo, en dirección contraria al hombre. Y por ese defecto es un animal imperfecto».

Los dos dominicos lo tienen clarísimo: «Toda la brujería proviene del deseo carnal, que en las mujeres es insaciable».

Parece, pues, que en la Edad Media las mujeres todavía no teníamos jaqueca.

Más o menos a la vez que el *Malleus Maleficarum*, se publicaba en Cataluña un libro muy singular: *Speculum al foder*, el espejo del joder, lo que en lengua actual vendría a ser una enciclopedia del follar. El libro recoge las ideas de los tratados de erotología árabes —de hecho, las plagia sin contemplaciones—, pero añade detalles sobre el placer femenino. No todo lo que dice nos interesa, ya que, por ejemplo, explica que a las mujeres que pasan de los cincuenta nadie debe desearlas —me quedan, pues, unos... *(pongo cara de calcular mentalmente)* demasiados pocos meses para alcanzar mi fecha de caducidad y convertirme en un ser indeseable—, pero al menos el *Speculum* tiene el acierto de relacionar libido femenina y ciclo menstrual, y de reconocer el deseo femenino: «Primeramente digo que cuando la hembra bella se calienta, toma muy gran placer con el joder». Afirma que las mujeres sienten deseo y placer igual que los hombres, y explica que hay muchos tipos de mujeres, que a algunas les gusta mucho «el joder» y a otras no tanto, que a algunas les viene «el talento» o «la voluntad» muy pronto y a otras tarde, e incluso revela que algunas «usan de godomasí [consolador], que está hecho de piel blanda y de algodón, confeccionado en forma de verga *(haciendo gesto de empalmarse con el brazo)*, y se lo meten en el coño hasta que están satisfechas y pierden el deseo». El autor recomienda también que a «la mujer a quien le viene la voluntad tarde y no tiene talento de joder, que le haga el hombre cinco cosas: el besar, el palpar, el apretar, el frotar y el herir con las manos», y que esto debe hacerse también a todas las mujeres.

Y ahora, Esteve, estate bien atento: «Si el hombre acaba pronto y la hembra tarde, la hembra se queda muy frustrada». Y continúa diciendo: «Por eso, cuando el hombre empieza a disfrutar, debe distraerse con otras cosas y no pensar en lo que está haciendo ni en el gusto que está pasando para no acabar antes que la mujer. Si esta es de las que tardan mucho, el hombre tendrá que jugar con ella, ponerle la mano en el coño y frotárselo hasta que se caliente y sienta deseo».

Podríamos tatuarnos estas frases cerca del toto, a modo de manual de instrucciones por si nos topamos con un hombre que acaba pronto y no queremos acabar frustradas.

Volvamos un momento al godomasí, o consolador, que las hembras se metían en el coño hasta que estaban satisfechas. Los consoladores son un invento más viejo que Matusalén: en el antiguo Egipto sabemos a ciencia cierta que los utilizaban. Hay incluso una leyenda que asegura que Cleopatra fue la primera en tener un vibrador: se lo fabricó con abejas vivas atrapadas dentro de un papiro. Pero la cosa viene de antes; hay arqueólogos que afirman que algunos objetos con forma de falo que datan del paleolítico se utilizaban también con fines sexuales y no solo rituales.

La existencia primigenia de juguetes sexuales para mujeres es una evidencia más de la libido femenina y sobre todo de la libido femenina insatisfecha.

Detengámonos un poco en la masturbación. La verdad es que yo no recuerdo cuándo empecé a «despellejar a la perra ya despellejada»: es algo que ha estado conmigo desde siempre. De hecho, si habláis con cualquier maestra de educación infantil, os contará que mientras los niños todavía se comen los mocos, las niñas ya se menean la lenteja a todas horas; han descubierto el placer genital frotándose con muñecos mullidos y esquinas, sentándose sobre el talón, etcétera.

Mientras preparaba este monólogo, me dediqué a realizar una encuesta casera entre la gente que me rodea. El resultado es que muchas mujeres nos masturbamos mucho más de lo que creen la mayoría de hombres, sobre todo de lo que creen los periodistas culturales, y que nos masturbamos por motivos más variados: por aburrimiento, por angustia, para conciliar el sueño, para desconectar, para calentarnos las manos en invierno, cualquier excusa nos vale.

Decía que no recuerdo cuándo me inicié en el arte de las manualidades, pero sí que recuerdo que, cuando en la adolescencia empecé a ir con chicos, tardé AAAÑOS en tener un orgasmo. Como dijo Mae West, «el sexo es como el bridge» —o como la brisca—. «Si no tienes un buen compañero de juego, más vale que tengas una buena mano». Por muchos orgasmos que yo tuviera en solitario, al no tenerlos en compañía en otras épocas me habrían considerado frígida, cuando en realidad era solo un problema de incompetencia masculina.

Pero, claro, ¿por qué debería importarles nuestra frigidez a los hombres? Que las mujeres no se exciten y no tengan orgasmos no es un obstáculo para follárselas ni para preñarlas. No ocurre lo mismo con los problemas masculinos de erección y orgasmo (eyaculación), porque impiden la cópula y la procreación. Por eso en el derecho canónico medieval existía la «injuria de no consumación»: una mujer podía alegar impotencia del marido para pedir la anulación del matrimonio; por lo visto, los juicios para demostrarlo eran la monda. El problema es que esto coincidió con la creciente furia contra las brujas y llegó un momento en que la impotencia de los hombres se atribuía a las malas artes de la bruja de su esposa. Así que la mujer no solo debía aguantarse y chingar con un pingajo, sino que, si se quejaba, podían llegar a condenarla a la hoguera.

Sea como sea, estábamos en la Edad Media y los tentáculos de la Iglesia alcanzaban todos los rincones. Hablemos un poco de monjas, que naturalmente también tienen sus pulsiones, o, dicho en palabras de Boccaccio en el *Decamerón*, en el siglo XIV: «Bastantes hombres y mujeres hay que son tan necios que creen demasiado confiadamente que, cuando a una joven se le ponen en la cabeza las tocas blancas y sobre los hombros se le echa la cogulla negra, deja de ser mujer y ya no siente los femeninos apetitos, como si se la hubiese convertido en piedra al hacerla monja».

Así comienza la historia de Masetto de Lamporecchio, un tipo que se hace pasar por mudo cuando se mete a trabajar en un convento, donde las monjas, aprovechando que Masetto no puede hablar, se lo zumban, de la primera a la última, hasta que él no puede más y, delatándose, se pone a hablar: «Señora, he oído que un gallo basta a diez gallinas, pero que diez hombres pueden mal y con trabajo satisfacer a una mujer, y yo tengo que servir a nueve, lo que por nada del mundo podré aguantarlo, pues que he venido a tal, por lo que hasta ahora he hecho, que no puedo hacer ni poco ni mucho; y por ello, o me dejáis irme con Dios o le encontráis un arreglo a esto».

Observad que el texto retoma la misma proporción de uno contra nueve que ya hemos visto en la historia de Tiresias y en el hadiz musulmán. Cuando la sartén chilla, algo hay en la villa…

Ya Trótula, la célebre doctora de Salerno del siglo XII, advertía de los inconvenientes de la abstinencia para solteras, viudas y monjas. Y no, no hace falta ir muy lejos para encontrar a una que canalizaba su furor con cirios pascuales. Santa Teresa de Jesús lo contaba así:

«Veíale en las manos un dardo de oro largo, y al fin de el hierro me parecía tener un poco de fuego. Éste me parecía meter por el corazón algunas veces, y que me llegaba a las entrañas. Al sacarle, me parecía las llevaba consigo, y me dejaba toda abrasada EN AMOR GRANDE DE DIOS. Era tan grande el dolor que me hacía dar aquellos QUEJIDOS [¡ejem!], y tan ecesiva la suavidad que me pone este grandísimo dolor, que no hay desear que se quite, ni se contenta el alma con menos que Dios. No es dolor corporal sino espiritual, aunque no deja de participar el cuerpo algo».

Santa Teresa tenía unos éxtasis, unos «arrobamientos», de los que decía: «Me parecía me dejaba el cuerpo tan ligero, que toda la pesadumbre de él me quitaba, y algunas era tanto que casi no entendía poner los pies en el suelo. Pues cuando está en el arrobamiento el cuerpo queda como muerto, sin poder nada de sí muchas veces, y como le toma se queda: si en pie, si sentado, si las manos abiertas, si cerradas. Porque, aunque pocas veces se pierde el sentido algunas me ha acaecido a mí perderle del todo».

Retrocedamos un poco y mencionemos brevemente los *fabliaux*, las narraciones medievales, algunas de temas obscenos, que hacían un retrato grotesco y cómico de la sexualidad, también la femenina. Los *fabliaux* acabaron inspirando otros géneros que también retratarían la procacidad femenina, como podemos ver, por ejemplo, en los *Cuentos de Canterbury*, de Chaucer, donde una insaciable comadre de Bath dice: «Venus me dio la lujuria y el deseo, / y Marte mi firme atrevimiento. […] Esto hace que no pueda negar / mi cuarto de Venus a ningún mozo.»

La herencia de los *fabliaux* también resuena en *La Celestina*, donde encontramos a una Melibea deseosa que se lamenta: «Oh, género femíneo encogido y frágile! ¿Por qué no fue también a las hembras concedido poder descubrir su congoxoso y ardiente amor como a los varones?».

Pero saltemos un poco en el tiempo para no alargarnos demasiado, y ya estamos en los siglos XVI y XVII, cuando empiezan a proliferar los textos pornográficos: *Las seis jornadas*, de Pietro Aretino, *L'école des filles*, *The Venus School*, *Fanny Hill*.

Tomemos el caso de *Fanny Hill*, una novela que narra las aventuras de una chica de quince años que se queda huérfana y, sin querer, se hace prostituta alegremente: allí no hay trauma ni nada, solo escenas de sexo falocéntricas obsedidas con la penetración. En cierto momento un personaje femenino explica cómo perdió la virginidad a los trece años. Repito, TRECE.

(En tono irónico) «Él ya se había desabrochado el chaleco, y los calzones estallaron dejando ver el asombroso y placentero objeto de todos mis desvelos, de mis sueños y de mis amores: ¡el miembro rey, en verdad! Yo lo miré, lo devoré con los ojos en toda su longitud y anchura, hasta que, situándose encima de mí y colocando el miembro entre mis muslos, me privó del goce de su vista para darme otro muchísimo más satisfactorio cuando tocó con él esa parte femenina tan deliciosamente sensible. Aplicándolo entonces a la abertura diminuta, pues así era a aquella edad, lo recibí llena de buena voluntad y sentí esa primera introducción con tal arrobo que olvidé el DOLOR que siguió: me parecía que nunca sería excesivo el precio que debía pagar por aquel disfrute superior de los sentidos. Así que, RASGADA, HERIDA, SANGRANTE Y DESTROZADA, me sentí magníficamente satisfecha y abracé al artífice de toda aquella deliciosa

ruina. Pero poco después, cuando procedió a atacarme POR SEGUNDA VEZ, aunque mis partes estaban irritadas…».

Bien, lo dejaremos aquí porque ya veis que no es un retrato muy fiel del deseo y el placer femeninos.

Ya veis también que magrear a niñas de trece años no es solo cosa de poetas contemporáneos de renombre que hemos admirado mucho porque no lo sabíamos; encima no lo sabíamos.

Esta narración me sorprende en especial porque yo vi la primera salchicha cuando tenía precisamente trece años. En casa andábamos siempre tapándonos, escondiéndonos de los demás. Nunca vi ni a mi padre ni a mis hermanos desnudos. Así que cuando con trece años vino Xavi Martínez, que tenía veintidós, y se sacó eso de la bragueta, yo no me atreví ni a mirarlo. ¡Qué contraste con el entusiasmo fálico del pasaje que acabo de leer! Esa cosa extraña y torcida —sí, la tenía torcida— no era en modo alguno el asombroso objeto de todos mis desvelos y sueños. Yo solo quería su amor. Él solo quería una paja. Yo había nacido a finales del xx pero seguía viviendo en la misma edad de la inocencia que retrataba Edith Wharton en su libro, donde el protagonista, admirando a su prometida, exclama: «Ni se imagina qué significa esto». Yo os aseguro que tampoco tenía ni idea, o, para el caso, mejor dicho: ni pajolera idea.

Pero no te enfades, anda, sonríe otra vez, sonríe mejor.

(Imposto una sonrisa exagerada).

Y ¡pam!, ya estamos en el xviii.

Oh, la Ilustración, pensaréis, la razón que tantas puertas nos abrió, etcétera.

El siglo de los salones de Francia, regentados por mujeres, donde bullía la vida intelectual.

Tantas mujeres con amantes. Ninon de Lenclos, madame de Longueville, madame de Lafayette, madame de Pompadour.

El siglo de las amistades peligrosas y el libertinaje.

Pero las cosas no son tan bonitas como parecen. La historiadora Joan Kelly dice que los períodos considerados tradicionalmente de progreso social constituyen, en general, períodos de pérdida de estatus para las mujeres, y pone los ejemplos de la Atenas clásica, el Renacimiento o la Revolución Francesa. Y es justamente en este siglo cuando se produce el cambio de relato: es ahora cuando la mujer insaciable desaparece y se instaura la mosquita muerta, la pánfila abnegada, la esclava asexuada que debe servir a la institución de la familia.

¿Por qué ahora? Por un lado, el siglo anterior había sido el punto álgido de la caza de brujas, que podríamos decir que es LA TORTURA INSTITUCIONALIZADA DE

LAS MUJERES PERPETRADA POR EL ESTADO. Las mujeres están escarmentadas y muertas de miedo y, por tanto, más dispuestas que nunca a obedecer y callar. Por otro lado, el nuevo poder de la burguesía trae cambios. Tengo la teoría de que el placer sexual de la mujer va estrechamente ligado a su autonomía económica. Virginia Woolf decía que para escribir era necesaria una habitación propia e ingresos propios. Quizá para correrse también. Que existe una relación entre libido y poder es incuestionable. Hay estudios que prueban que en las sociedades matrilineales las mujeres son sexualmente más libres. Hay estadísticas comparativas de orgasmos entre Alemania Oriental y Occidental que concluyen que las mujeres disfrutaban más en el sistema comunista.

Pero yo todavía tengo otra teoría, una teoría terrorífica, para explicar el cambio de paradigma en este siglo. Porque es ahora, en el XVIII, cuando se descubre por fin cómo funciona el sistema reproductivo, con los óvulos y toda la pesca. De modo que es ahora cuando se descarta definitivamente una idea que habían creído durante siglos: que el orgasmo femenino era necesario para la concepción. ¿Acaso cuando los hombres entendieron que no necesitaban el orgasmo femenino para tener hijos decidieron borrarlo del mapa? *(Me estremezco como si sintiera un escalofrío. Si me paro a pensarlo, lo siento de verdad).*

En todo caso, del cambio de mentalidad también tienen la culpa algunos (demasiados) de los grandes pensadores de esta época. Podríamos hablar de Kant, por ejemplo, o de otros cerebritos ilustrados que vivían sumidos en la oscuridad, pero nos detendremos en Jean-Jacques Rousseau, que en el libro *Emilio, o De la educación* dice cosas divinas como estas:

«En la unión de los sexos, cada uno concurre por igual al objeto común, no empero de un mismo modo: de esta diversidad nace la primera diferencia asignable entre las relaciones morales de uno y otro. El uno debe ser activo y fuerte, flaco y pasivo el otro, de precisa necesidad es que uno quiera y pueda; basta con que el otro se RESISTA POCO. Asentado este principio, se sigue que el destino especial de la mujer es agradar al hombre. Si recíprocamente debe agradar el hombre a ella, esto es necesidad menos directa: el mérito del varón consiste en su poder, *(pausadamente, con ironía)* y por eso solo que es fuerte agrada».

Más abajo continúa:

«Toda la educación de las mujeres debe ser relativa a los hombres. Agradarles, serles útiles, hacerse amar y honrar de ellos, educarlos cuando niños, cuidarlos cuando grandes; aconsejarlos, consolarlos, hacerles grata y suave la vida: estas son las obligaciones de las mujeres en todos los tiempos y esto lo que desde su niñez se les debe enseñar».

Rousseau subraya que la maternidad y la crianza son «el destino» de las mujeres, que «las chicas deben gozar de poca libertad», «deben estar sujetas desde muy niñas» y que «es preciso ejercitarlas cuanto antes a la sujeción, para que nunca les sea violenta; a resistir a todos sus antojos, para someterlos a las voluntades ajenas».

Esto nos lo dice el MIERDECILLA de Jean-Jacques, que tuvo los santos aguacates de darnos lecciones de superioridad moral con su *Discurso sobre el origen y los fundamentos de la desigualdad entre los hombres*, donde hablaba, en efecto, de la desigualdad entre los machos y no de la desigualdad entre las personas; nos lo dice el mismo Jean-Jaques, que sermoneaba sobre cómo ser un buen padre mientras él tenía cinco hijos y los enviaba directos al hospicio.

(Pausa).

Hostia, Jean-Jacques: vete a tomar por saco.

También los grandes pensadores posteriores continuarán en esta línea. Schopenhauer dirá que «las mujeres son el *sexus sequior*, el segundo sexo, inferior en todos los aspectos», o Nietzsche: «La felicidad del hombre es: yo quiero. La felicidad de la mujer es: *(pausa)* ÉL QUIERE.» O también: «En la mujer todo es un misterio, y en la mujer todo tiene una solución, que se llama embarazo. El hombre es un medio para la mujer: la finalidad es la criatura. [...]», «Al hombre hay que educarlo para la guerra, a la mujer para el descanso del guerrero: todo lo demás son tonterías».

En este siglo, el nuevo ideal es una mujer frágil, vulnerable, dulce, abnegada, infantilizada. Una mujer MEDIO IDIOTA, la verdad.

Hay hombres que todavía hoy no lo han superado; lo pensaba un día que uno me dijo «¿quieres que te dé unos besitos ahí?» para preguntar si quería que me comiera el coño. A mí, que la palabra *besitos* me desinfla bastante, la verdad. Para darnos cuenta de lo ridículo que es decir «besitos» para referirse a un cunnilingus, debemos imaginarlo al revés: «Cielito, ¿quieres que te chupe la cosita?». Por favor. Que no queramos que nos fuercen no implica que seamos unas pánfilas atontadas.

Y, tachán, llegamos así al XIX con el terreno abonado. Dios y la razón entronizada ya han sentado las bases de lo que vendrá: *(masticando las palabras)* la persecución e intento de exterminio del deseo femenino.

Empezando por Darwin.

Que la biología sea sexista no es, sin embargo, ninguna novedad; ya Aristóteles escribió aquello de *(en tono monótono)*: «La hembra es pasiva y el macho es activo, y el principio de movimiento viene de él». Ahora bien, será Darwin quien, amparado por la nueva ciencia, que es una nueva forma de fe, pretende demostrar científicamente la inferioridad de la mujer: «La principal distinción en las facultades intelectuales de ambos sexos se muestra en que el hombre alcanza una mayor excelencia que la mujer en todo aquello que emprende, tanto si requiere pensamiento profundo, razonamiento, o simplemente el uso de los sentidos y las manos... Así, el hombre se ha convertido finalmente en superior a la mujer».

Darwin también establece nuestra desgana sexual: «Los machos de casi todos los animales tienen pasiones más fuertes que las hembras. [...] La hembra, en cambio, con raras excepciones, tiene menos ansia que el macho».

Y yo me pregunto: si las hembras humanas tenemos tan poca avidez sexual, ¿por qué se han esforzado tantísimo para controlarla y constreñirla?

La biología evolutiva continuará difundiendo una visión distorsionada de la hembra durante décadas, por ejemplo, con lo que se conoce como el gradiente de Bateman. Se trata de un experimento muy célebre y muy citado con moscas del vinagre, publicado en 1948, que supuestamente demuestra que, por motivos de éxito reproductivo, las hembras son selectivas y eligen cuidadosamente a los machos con los que copulan, y que, en cambio, los machos deben aspirar a copular con el mayor número de hembras posible. Es decir, que justifica la promiscuidad masculina como comportamiento natural. Después, no faltaron los acróbatas que dieron el salto de aplicar a los humanos las conclusiones del estudio de las moscas; claro, ya sabemos que las moscas y los humanos somos prácticamente idénticos, al menos sentimos la misma atracción por la mierda. Sea como sea, resulta que en 2012 un grupo de científicas quiso replicar el experimento, pero no salió bien. Los resultados de Bateman no eran re-producibles ni fiables. Una vez más, la ciencia nos había engañado.

La verdad es que, echando un vistazo al mundo animal —aquí sigo lo que dice la zoóloga Lucy Cooke—, podemos comprobar que las tesis sexistas de la biología clásica sobre las mujeres poco sexuales y monóga-mas no tienen fundamento:

Primero, porque hay pocas especies mo-nógamas. Por ejemplo, un 90 % de las aves hembra copulan con otros machos; existen tendencias poliándricas en todos los grupos de vertebrados y es LA NORMA entre los invertebrados. Un dato curioso: se ha demostrado que cuanto mayores son los testículos del macho de una especie, más poliándrica es la hembra. Para vuestra in-formación, los de los humanos se conside-ran… medianitos.

Segundo, porque en el mundo animal hay hembras muy ávidas y promiscuas. Así, la leona se aparea diez veces en un día con diferentes machos y las hembras langures pueden llegar a los treinta o cincuenta apareamientos diarios. Se me irrita la entrepierna con solo imaginarlo.

Tercero, porque el supuesto instinto maternal superior en las mujeres también se ha demostrado que no es lo que nos han vendido.

Cuarto, porque también con el orgasmo nos han mentido los científicos. Algunos antropólogos llegaron a decir que el orgasmo femenino es un subproducto del masculino y que solo las hembras humanas lo experimentan, cosa que es falsa. De hecho, la mayoría de las primates se masturban.

Quinto, porque, evidentemente, también la idea de que la mujer es un hombre incompleto es falsa. El sexo ancestral es el del cromosoma X, el femenino; el de los machos, el cromosoma Y, aparece unos 250 millones de años más tarde y hay científicos que estiman que en unos cuatro millones y medio de años el cromosoma Y habrá desaparecido.

Por desgracia, la biología no es la única ciencia que ha ignorado y tergiversado el deseo y el placer femenino. Hablemos un poco de anatomía:

En el siglo II, Sorano de Éfeso fue el primero en hablar del clítoris y lo llamó ninfa. De hecho, Clítoris es el nombre de una ninfa diminuta de la mitología griega. Pero después el clítoris aparece y desaparece de la historia de la anatomía, como una conjunción planetaria que solo es visible durante diez minutos cada mil años y enseguida se descompone. Así, el clítoris se esfuma con Galeno, pero lo reencontramos en el siglo XVI con Falloppio, aunque su contemporáneo, Vesalio, afirmaba que era un órgano inútil y que, ojo al dato, no existía en las mujeres sanas: chicas, estamos todas muy pero que muy enfermas. A lo largo del XIX no hay rastro del clítoris en los manuales de anatomía, tampoco en el manual por antonomasia: la *Anatomía* de Gray. De hecho, habrá que esperar a 1998 para tener la PRIMERA anatomía detallada del clítoris humano. Repito: 1998, el año en que yo terminé la carrera. 21 años viviendo sin clítoris, ya me diréis.

Esta desaparición desconcertante, escandalosa, ofensiva y HUMILLANTE del clítoris es omnipresente. En los cuatro volúmenes de la historia de la sexualidad de Foucault no se menciona ni una sola vez. Más de mil doscientas páginas hablando de sexo y no aparece ni un clítoris. También en la lengua se esconde el clítoris: hablaba recientemente con una sexóloga y me decía que la mayoría de niñas de sexto de primaria seguían sin saber qué era el clítoris. No enseñar el nombre de las cosas es una forma de contribuir a restarles importancia; ¿cómo podemos hablar de lo que no tiene nombre? Las cosas que no tienen nombre, todo lo que no podemos designar, existen un poco menos, es un poco menos real. Yo no sé cuándo aprendí la palabra clítoris. De hecho, no sé cuándo me lo vi por primera vez, aunque fue tarde, muy tarde, demasiado tarde.

A pesar de que el clítoris se ha ocultado y negado, paralelamente se han realizado muchos esfuerzos para mutilarlo. Naciones Unidas estima que cada año hay tres millones de mutilaciones genitales femeninas: esto equivale a casi seis por minuto. Mientras estáis aquí escuchándome mutilarán a más de trescientas niñas. Algunas morirán, otras quedarán condenadas a un sexo indiferente y, con demasiada frecuencia, doloroso. Si esto estuviera ocurriendo con los machos, estaríamos en guerra. Estaríamos en guerra incluso si decidiéramos cortar, en mi opinión, justificadamente, la polla a los pederastas y violadores. ¿Por qué no estamos en guerra?

¿POR QUÉ NO ESTAMOS EN GUE-RRA?

(Pausa para digerir la cifra y la realidad. Me da miedo que mencionar este tema tan grave, tan desgarrador y tan serio en este monólogo quede frívolo. Pero no puedo dejar de mencionarlo. Es una monstruosidad que nos mutilen y nos extirpen el órgano del placer, un órgano que no tiene otra función que darnos gusto).

En todo caso, si las mujeres no tuviéramos una libido potente, ¿qué necesidad habría de mutilarnos?

Y ya que estamos con el clítoris, hablemos de Freud: *(con grandilocuencia)* el gran descubridor de la psicología humana, *(a media voz, con ironía)* o al menos de la psicología de la MITAD de la humanidad, ya que eso de las mujeres él mismo decía que lo llevaba regulín: «De la vida sexual de las niñas sabemos menos que de la de los niños. No hace falta que nos avergoncemos de esta diferencia [¿No hace falta?, ¿seguro que no hace falta?]. Al fin y al cabo, la vida sexual de las mujeres adultas también es un continente oscuro para la psicología».

A pesar de decir que no entiende ni jota de la vida sexual de las mujeres, Freud dictamina que la madurez sexual femenina pasa siempre por la vagina. Aquí no hace falta que apuntes nada, Esteve, que aún empeoraríamos las cosas, porque Freud afirma que el placer clitoriano es el placer infantil y que para alcanzar la sexualidad madura es necesario que se produzca un cambio de zona erógena. A su parecer, el verdadero orgasmo de la sexualidad adulta femenina solo puede ser un orgasmo vaginal.

Creo que he visto pocos casos de *mansplaining* tan bestias: *(pausa)* que un tipo me venga a explicar cómo debo correrme.

¡Qué huevos, qué aguacates, qué cojones como sandías! ¡La frutería entera, señoras!

Más todavía ahora que sabemos que todos los orgasmos son clitorianos, porque el clítoris no es solo la puntita que sale, sino todo un órgano interno con ramificaciones que se estimulan con la penetración.

Veamos un caso que ilustra como pocos el daño que han hecho ciertas concepciones freudianas. La princesa Marie Bonaparte adoraba a Freud, estaba deslumbrada o, más bien, ciega. El deslumbramiento y la fe que tenía en la palabra de Freud eran tales que estaba muy pero que muy preocupada por sus orgasmos imperfectos, a los que nunca llegaba con penetración. Así pues, en 1924 decidió emprender un estudio con doscientas mujeres y sendas vulvas, clítoris y orgasmos, y llegó a una conclusión de una aritmética exacta y reconfortante: las mujeres que tenían más de 2,5 cm de distancia entre el clítoris y el orificio uretral no tenían orgasmos vaginales. Bonaparte, evidentemente, era una de ellas.

Mujeres de la sala, por más que sepáis que esta teoría es una estupidez, sé que caeréis como yo en la tentación de mediros. No es fácil, os aviso. El caso es que, en 1924, una princesa se dedicaba a escribir *papers* y publicarlos con seudónimo en una revista científica. Cómo han cambiado los tiempos, ¿os imagináis alguna de las infantas midiéndose la almeja?

En todo caso, Marie Bonaparte, atribulada por este tema y con la firme voluntad de ponerle remedio, decidió… OPERARSE para desplazar el clítoris y acercarlo a la distancia adecuada para tener los orgasmos freudianamente correctos. Hasta TRES veces se reposicionó el clítoris. En los años veinte, eh. Al lado de esto, el *body horror* de *La sustancia* es cosa de niños.

Bonaparte nunca logró tener un orgasmo «maduro», pero eso no impidió que siguiera creyendo devotamente en Freud hasta el punto de ser ella la fundadora de la Sociedad Psicoanalítica en Francia.

Es cierto que a Freud le podemos agradecer que al menos se diera cuenta de que «cuanto peor es la potencia del hombre, más predomina la histeria de la mujer» y que hablara de la angustia femenina «de las abstinentes forzosas, mujeres que son descuidadas por el marido o que no quedan satisfechas a causa de su falta de potencia sexual» y de «la angustia de las mujeres que tienen maridos con eyaculación precoz [...] y no llegan a la satisfacción con la excitación física.»

Otra de las ideas delirantes de Freud que me fascina es la envidia del pene. Ya sabéis que las mujeres nos morimos de ganas de tener un pene, y que solo podemos satisfacer ese anhelo quedándonos embarazadas de un macho para así tener un pene dentro, etcétera. *(Aquí a menudo se me escapa la risa).* Yo es que me parto porque, vamos a ver, teniendo en cuenta que el clítoris tiene por lo menos EL DOBLE de terminaciones nerviosas que la punta del nabo en una superficie mucho más pequeña, es decir, que es mucho más sensible; teniendo en cuenta que los orgasmos de las mujeres duran entre un 50 y un 100 % más de tiempo; teniendo en cuenta que las mujeres están anatómicamente preparadas para tener más de un orgasmo seguido —tres, cinco, diez— porque no tenemos período de refracción; teniendo en cuenta que nosotras siempre podemos estar seguras de que somos la madre de nuestros hijos; teniendo en cuenta que podemos ponernos cachondas sin montar una tienda de campaña y corrernos sin pringarlo todo; teniendo en cuenta que tenemos un órgano único que sirve exclusivamente para darnos gusto, ¿por qué narices deberíamos tener envidia del pene? ¿Envidia del pene de qué? Me parece que esto es un caso ejemplar de un mecanismo psicoló-

gico que definió el propio Freud: el mecanismo de proyección.

¿Podemos empezar ya a hablar de la envidia del coño?

Los médicos han sido los primeros en tergi-
versar las cosas y decir barbaridades, especialmente en el siglo XIX, como por ejemplo:
«Por lo general, las mujeres no experimentan en absoluto lo que entendemos como
pasión sexual», así como: «Muchas mujeres
son totalmente frígidas», y también: «La
mujer, cuando es normal mental y física-
mente y ha recibido una educación correcta,
tiene muy poco deseo sexual». Decidida-
mente, soy una maleducada.

El grado de ridículo al que podían llegar se
pone en evidencia en la respuesta médica al
invento de la bicicleta. Los médicos empezaron a diagnosticar una enfermedad bautizada
como «cara de bicicleta», que se concretaba

en ojeras, cara demacrada, ojos salidos y mandíbula apretada. Hoy en día muchas madres de niños pequeños todavía padecen cara de bicicleta. Los médicos también advertían que los ciclistas podían sufrir cansancio, insomnio, palpitaciones, dolores de cabeza e incluso un aumento de la libido. Para evitar que las mujeres se excitaran con el rozamiento de los genitales contra el asiento, en algunos lugares inventaron un asiento higiénico, más rígido y sin relleno.

Sí, a lo largo del XIX muchos médicos contribuyeron a patologizar el deseo femenino: en un extremo ponían la frigidez (que ya hemos visto que en muchos casos no es más que incompetencia masculina), en el otro, diagnósticos como la histeria (ahora inexistente), la ninfomanía o el furor uterino (cito: «Una enfermedad nerviosa específica de la mujer que se caracteriza por una tendencia irresistible a los placeres del amor»).

Es curioso que siendo precisamente los hombres y no las mujeres los que violan y abusan sexualmente de los demás, los que no son capaces de controlar sus instintos, los que tienen problemas de empatía a la hora de satisfacer sus necesidades sexuales, es curioso, digo, que, teniendo en cuenta todo esto, la lengua no disponga de una palabra habitual para definir sus excesos: ¿furor fálico, psicopatía testicular, simple hijoputismo?

Y ahora que digo hijoputa, pienso en cómo me jode que cueste tanto insultar a un hombre sin insultar a una mujer de rebote: si digo malnacido, es que una mujer no le ha parido bien; si digo hijo de puta, es que su madre tal; si digo cabrón, es que la mujer le ha puesto los cuernos.

Y ya que hablamos de desgraciados, cretinos y mamarrachos, podría explicaros algunos cuentos de terror de mi adolescencia que demuestran, al igual que las noticias que leemos cada día en los periódicos, que el problema patológico y psicopático con el sexo lo tienen los hombres, cuentos de terror como el del guapito del pueblo, que se llamaba Alain y que un día, cuando yo tenía 13 o 14 años y él 21, se me llevó en coche y yo pensaba: ahora nos enrollaremos, nos daremos unos morreos y tal. El tipo aparcó el coche, se bajó la bragueta, me agarró la cabeza y no la soltó hasta haberse corrido en mi boca.

(Me callo y miro a la gente a los ojos mientras me cojo la cabeza por la nuca; muchos se incomodan, no se atreven ni a tragar saliva).

Y después de eso tardé años en permitir que un hombre me tocara la cabeza. Tengo también la historia de Manel, la de Vicente, la de Quim, etcétera. Pero, claro, sí, las mujeres no tienen pulsión sexual, ¿no? Sois vosotros los que nos la habéis usurpado, miserables. Y pobre del que ahora me venga con el *not all men*; que ya lo sabemos, que no sois todos, pesados.

Bien, hemos quedado en que no me enfadaría, pero, hostia, es que a veces me cuesta mucho no estar enfadada, eh, mucho.

Venga, sonreímos, sonreímos. *(Hago una sonrisa exagerada y falsa).*

Con todo esto vemos, pues, que durante siglos se ha proyectado desde todos los ámbitos una imagen distorsionada de la mujer. Una imagen que nos dice que somos inferiores, sumisas, serviles, pasivas, medio idiotas, que somos hombres inacabados, que nuestra única razón de ser es la crianza y la satisfacción del marido, que tenemos problemas para corrernos y que no tenemos ganas de follar. Se nos ha dicho y repetido cómo debemos ser y lo que se espera de nosotras.

Imagínate que te miras en el espejo y ves que te faltan todos los dientes. Tú te tocas la boca y te notas los dientes *(tocándome los dientes con los dedos)*, pero allí, en el espejo, no hay ni uno. Así que te miras en otro espejo y sigues viendo esa boca cavernosa y desdentada. Y buscas más espejos hasta que te das cuenta de que en todos los que encuentras se refleja esa boca que no reconoces. ¿Qué pasará? Que acabarás creyendo que tú eres esa persona, que no tienes NI UN PUTO DIENTE, crearás una falsa conciencia de ti misma, porque *a priori* parece más plausible que una persona se equivoque que no que se equivoquen todos los espejos del mundo.

Y esto, señoras, es lo que la sociedad nos ha hecho durante siglos.

(Pausa).

Yo todavía tengo días en los que lo primero que hago cuando me levanto es palparme la boca para asegurarme de que tengo todos los dientes.

Pero lo que os he contado hasta ahora no es lo peor de todo.

¿Por qué deseamos algo? Lo que sea: una casa en la Toscana, un chuletón de rubia gallega, un cunnilingus.

(Pausa para dejar que el espectador piense la respuesta).

Deseamos algo por los beneficios o el disfrute que creemos que sacaremos de ello.

¿Y qué disfrute sacan las mujeres del sexo? Echemos un vistazo a las estadísticas. Voy a citar solo algunas, aunque todas las que he encontrado van en la misma línea y demuestran que, al igual que hay una brecha salarial, existe una deplorable brecha orgásmica.

El estudio Kinsey de 1953 constató que casi el 100 % de los hombres casados tenían orgasmos, pero solo el 50 % de mujeres los tenían habitualmente, y también que después de diez años de casadas, las mujeres tenían más deseo del que el marido satisfacía. Un reciente estudio en Finlandia arroja cifras similares: un 96 % de hombres afirman que siempre o casi siempre tienen un orgasmo, contra el 54,8 % de mujeres.

Betty Friedan, en 1963, habla de médicos que atienden muchas consultas de mujeres que se quejan de que sus maridos se han vuelto sexualmente incompetentes y de que, por cada consulta de una mujer por poco deseo, hay diez que se quejan del poco deseo del marido. De nuevo, la misma proporción.

El informe Hite, de 1976, en el que participaron tres mil mujeres, destapó al fin que un 70 % de las mujeres tenían dificultades para tener un orgasmo exclusivamente con penetración.

Un estudio de 2017 concluye que el porcentaje de personas que dicen que normalmente tienen un orgasmo en las relaciones sexuales es de un 95 % entre los hombres heterosexuales, un 89 % entre los hombres gais, un 88 % entre los hombres bisexuales, un 86 % entre las lesbianas y, ATENCIÓN, un 66 % entre las mujeres bisexuales y un 65 % entre las mujeres heterosexuales. Es decir, cuando hay un hombre hetero de por medio, el placer de las mujeres cae en picado. La lista de motivos para hacernos lesbianas es cada vez más larga.

En otro estudio típico, el 18 % de las mujeres afirmaba que no llegaba nunca o casi nunca al orgasmo. Algunos estudios hablan del 30 %. El 30 % significa que una de cada tres mujeres no tiene orgasmos. UNA DE CADA TRES.

Tenemos un ejército de mujeres sexualmente insatisfechas.

Una pareja hetero acude al RESTAURANTE DEL SEXO. A él le traen un chuletón jugoso; a ella, demasiado a menudo le sirven un puré insípido de geriátrico o, en el peor de los casos, un puré con cristales rotos. ¿Por qué debería querer repetir?

No me sorprende que más de la mitad de las mujeres sufran alguna disfunción sexual: falta de orgasmo, dolor, falta de deseo.

Hablemos de las disfunciones masculinas que afectan al placer de las mujeres:

Un 20 % de los catalanes son eyaculadores precoces habitualmente, lo que significa que vacían la cantimplora en menos de un minuto y medio; esto ni con el Satisfyer, eh. Minuto y medio. ¡Luego claro que les parece que las mujeres tardan demasiado en correrse! No, el problema no son las mujeres, sino la incompetencia y el desinterés del macho heterosexual. Además, un 20 % de los adultos sufren disfunción eréctil. Si la tienes más encogida que una babosa con hepatitis, te recomiendo consultar el *Speculum al foder*: «Si se quiere que los hombres tengan la verga en erección, tomar una libra de zumo de zanahoria, tres onzas de aceite de mostaza y cinco onzas de aceite de hormigas. Mezclar y después friccionar el pene tres horas antes de acostarse con una mujer».

Sea como sea, todas las disfunciones masculinas se han investigado más que las femeninas y ha habido un interés genuino en encontrar soluciones.

A pesar de las estadísticas espantosas de insatisfacción sexual, alguien podría seguir arguyendo que las mujeres tienen menos impulso sexual. Pues bien, existe un estudio muy célebre sobre la excitación. Expusieron a una muestra de individuos a vídeos con escenas sexuales protagonizadas por mujeres, hombres y bonobos, y se midió la respuesta genital. Los resultados mostraron que los hombres solo presentaban señales de excitación genital con las imágenes que se correspondían con su orientación sexual —así, los heterosexuales solo se excitaban con imágenes de mujeres, los homosexuales, con las de hombres, etcétera. Sin embargo, la respuesta de las mujeres no dependía de su orientación sexual. Las mujeres se excitaban con todas las imágenes: hombres, mujeres e incluso con imágenes de BONOBOS follando. Que ya sé que tener respuesta genital no implica tener deseo, porque la excitación está en el coño y el deseo en el cerebro, pero sí demuestra que el cuerpo femenino está más que bien predispuesto para el sexo.

Al fin y al cabo, el sexo, al igual que el hambre, la sed y el sueño, es un instinto primario. Es absurda la idea de que las hembras no lo tengan o lo tengan disminuido. No hay ninguna evidencia de que esto sea así.

Como George Sand (seudónimo de Amantine Aurore Lucile Dupin) escribía a Flaubert: «No hay más que un sexo. Un hombre y una mujer son hasta tal punto lo mismo, que es incomprensible el montón de distinciones y de razonamientos sutiles de los que se nutren las sociedades sobre este particular. He observado la infancia y el desarrollo de mi hijo y de mi hija. Mi hijo era yo, es decir, mucho más mujer que mi hija, que era un hombre inacabado». O, como dice una zoóloga en el siglo XXI, hay más diferencias dentro de un mismo sexo que entre sexos.

Ahora bien, algo es cierto, hace décadas que se está drogando a las mujeres: una cuarta parte utiliza métodos anticonceptivos hormonales. Un prospecto elegido al azar de pastillas anticonceptivas informa que:

«Algunas mujeres que utilizan anticonceptivos hormonales han notificado depresión [...]. La depresión puede ser grave y en ocasiones puede inducir pensamientos suicidas».

Los efectos adversos muy frecuentes, es decir, que afectan a más del 10 % de las mujeres, incluyen dolor de cabeza y migrañas, náuseas y dolor abdominal. Los efectos adversos frecuentes (hasta una de cada diez personas) incluyen: mareo, hinchazón, vómitos, diarrea, cambios de humor, depresión y DISMINUCIÓN DE LA LIBIDO.

No sé vosotros, quizá soy yo la rara, pero cuando tengo migraña o vómitos, cuando tengo diarrea y depresión, cuando tengo ganas de matarme, pues, la verdad, no me apetece mucho echar un casquete. Menos aún si me tomo unas pastillas que me quitan las ganas.

Y habrá quien me diga «pero las pastillas anticonceptivas facilitaron la liberación sexual de la mujer».

Mirad, el DIU se comercializó en la misma época que las pastillas. No tiene efectos secundarios tan severos ni afecta a la libido ni al estado de ánimo. El mecanismo de acción ya se utilizaba hace siglos con las camellas para que no quedaran preñadas, y dicen que Hipócrates hace dos mil quinientos años introducía cuerpos extraños en el útero con una cánula de plomo para evitar embarazos. Quiero decir que quizá podríamos haber tirado por otro lado que no fuera la manipulación hormonal de la mujer.

No deja de ser curioso que droguemos a las mujeres con unos anticonceptivos que provocan migrañas y disminución de la libido y luego nos quejemos de que las mujeres tienen jaqueca y pocas ganas de follar.

Cuentan que Freud un día le dijo a Marie Bonaparte: «La gran pregunta que nunca se ha respondido y que yo no he sido capaz de dilucidar, a pesar de mis treinta años investigando el alma femenina, es: ¿qué quiere una mujer?».

Ajá, ¿qué queremos las mujeres?

Nos queremos correr más y mejor porque tenemos la anatomía y las ganas de hacerlo.

Queremos que nos respetéis.

Queremos que nos dejéis de decir cómo debemos sentirnos, excitarnos, corrernos.

Después de tantos siglos haciéndonos callar, ahora no solo queremos que nos dejéis hablar sobre sexo o sobre lo que nos salga de la raja, sino que cuando lo hagamos nos escuchéis con interés.

Queremos que nos dejéis de juzgar, de amenazar, de acosar, de violar, de acomplejar por nuestros culos, nuestras barrigas, nuestros coños, nuestros pelos, nuestra edad.

Hablemos un poco de la presión estética, porque la presión estética tiene relación con la autopercepción y la autoestima, y esto, de rebote, con la libido. Un estudio realizado entre estudiantes de Columbia demostró que las mujeres que estaban satisfechas con su cuerpo disfrutaban más de las relaciones sexuales. Veinticinco de treinta y dos estudios realizados en este sentido confirman la correlación. Es decir, a una mujer que se siente fea, gorda, vieja, fofa, le costará más sentirse libre y segura en el sexo y disfrutará menos.

De hecho, la baja autoestima es también la raíz de muchas disfunciones sexuales masculinas; la mayoría de problemas de eyaculación precoz y bastantes disfunciones eréctiles no asociadas con la edad tienen causas psicológicas. Cuando los hombres no se sienten seguros de sí mismos, se corren demasiado deprisa o no tienen erecciones. Cuando la mujer tiene problemas de autoestima, le va a costar más excitarse y llegar al orgasmo. Y ya sabemos que las mujeres tienen más problemas de autoestima que los hombres. No hace falta repetir por qué.

Dicen que entre la mitad y un tercio de las mujeres han fingido alguna vez un orgasmo. Yo no soy una excepción, aunque os aseguro que no fue el caso con Esteve y compañía. ¿Por qué lo hacemos? Para que paren de una vez de bombear absurdamente y también por piedad: para evitar herirlos en su amor propio (además, si lo haces, en la siguiente ocasión rendirá peor).

Cuando me planteé este monólogo, tuve la idea de que me acompañara un maniquí o, mejor aún, una mujer de carne y hueso a la que poder infligir simbólicamente todos los males que nos han causado a las mujeres. Luego me desdije. Es como lo de los monstruos: ningún monstruo que describas será nunca tan terrorífico como el monstruo que una persona imaginará si se lo pides.

Y como no estoy enfadada, no, sino que estoy FURIOSA *(gran sonrisa falsa)*, ahora os quiero pedir que imaginéis que tenemos aquí delante:

A esta mujer a la que hemos hecho arrodillarse, al igual que nos han hecho arrodillarnos a todas cuando nos han dicho que somos inferiores y pasivas y nos han obligado a obedecer,

esta mujer a la que hemos castigado con la ley, con el látigo y con el desprecio social en cuanto ha mostrado ganas de sexo,

esta mujer a la que hemos acusado de ser perversa y la causa de todos los males del mundo,

esta mujer que durante siglos tuvo muy cerca una cerilla lista para quemarla si no se comportaba como se esperaba de ella,

esta mujer a la que hemos amordazado para acallarla y a la que no hemos querido escuchar nunca porque no nos interesaba NADA lo que nos tenía que decir,

esta mujer a la que hemos puesto un espejo delante para manipular la imagen que tiene de sí misma, un espejo que le dice que es un ser sin dientes, sin capacidad, sin libido, un espejo que le dice que es UNA MIERDA,

esta mujer acomplejada a la que hemos repetido y SEGUIMOS REPITIENDO

que no es lo bastante guapa, lo bastante del-
gada, lo bastante joven, y que el coño le hue-
le a pescado, como si las pollas fueran un
campo de lavanda,

esta mujer a la que no hemos dejado ni
montar tranquila en bicicleta,

esta mujer sobre la que siempre planea
la amenaza de la violencia, el abuso y la
violación,

esta mujer que ha tenido que convivir con
el terror de quedarse embarazada y pagar sola
las consecuencias, y a la que después hemos
drogado a pesar de los efectos secundarios,

esta mujer que durante siglos ha estado
esclavizada por el hogar y la crianza,

esta mujer a la que hemos tratado como
un animal, como un objeto y como una
propiedad,

esta mujer a la que hemos hecho sentirse
insegura en todos los sentidos,

esta mujer contra la que han disparado
sus mentiras Dios, la filosofía, la ley, la ana-

tomía, la biología, la psicología y tantas otras instituciones de poder y de conocimiento gobernadas por hombres,

esta mujer a la que se le han negado los derechos y la educación para poder defenderse de estos ataques,

esta mujer a la que hemos ocultado el conocimiento de su cuerpo y su sexualidad,

esta mujer con la autoestima aplastada,

esta mujer con la que los hombres han follado pensando solo en su placer,

esta mujer a la que han dejado a medias tantas veces,

esta mujer a la que han aburrido A MUERTE con un sexo egoísta e insatisfactorio.

Y ahora que tenemos a esta mujer delante, ¿aún nos sorprende que no tenga ganas de sexo? ¿Los hombres tendrían si les hubiéramos hecho todo esto?

A mí lo que de verdad me sorprende es lo contrario: es un milagro que todavía haya mujeres que tengamos ganas de follar.

En el fondo, que nuestra libido no se haya rendido ante los intentos sistemáticos de aniquilarla es la prueba irrefutable de que los sumerios tenían razón.

Es así: tenemos una vulva maravillosa.

(Sonrío de corazón. Hago una reverencia. Aplausos. En este momento, a veces me entran ganas de llorar).

BIBLIOGRAFÍA

He extraído las citas de algunas de las obras mencionadas aquí debajo. Cuando la fuente no está en español, yo misma he traducido el texto, a veces a partir de consultar varias versiones en otras lenguas, como es el caso del texto del *Malleus Maleficarum*. Solo indico el traductor para los textos que cito de forma exacta y para los textos en otras lenguas de los que he partido para traducir yo misma los fragmentos citados. Cuando hay palabras enteras en mayúsculas en los textos citados, son mías para marcar énfasis.

Abundancia, Rita (8 de agosto de 2023), «Anorgasmia, la imposibilidad de llegar al éxtasis», en *El País* en línea en https://elpais.com/estilo-de-vida/2023-08-08/anorgasmia-la-imposibilidad-de-llegar-al-extasis.html

Akande, Habeeb, «40 hadiths on intimacy», en línea en Erotology Institute: https://erotologyinstitute.getlearnworlds.com/

Anderson Darling, Carol et al. (2001), «Understanding orgasmic frequency: a case of Finland», *Scandinavian Journal of sexology*, vol. 4, n.º 2.

Anderson, Bonnie S. y Zinsser, Judith P. (2007), *Historia de las mujeres: una historia propia*, Crítica.

Angel, Katherine (2021), *El buen sexo mañana*, Ediciones Alpha Decay.

Anònim (1996), *El kamasutra català - Mirall del fotre*, adaptación al catalán moderno de Patrick Gifreu, Columna.

Anónimo (2007), *Speculum al foder*, Edicions Vitel·la.

ANÓNIMO, *The Alphabet of ben Sira*, en línea en Sefaria: https://www.sefaria.org/Otzar_Midrashim%2C_The_Aleph_Bet_of_ben_Sira%2C_The_Alphabet_of_ben_Sira%2C_(alternative_version).2?lang=bi

APOLODORO (1985), *Biblioteca*, Editorial Gredos.

ARDÈVOL, Clara (7 de agosto de 2020), «L'escletxa orgàstica: què és i com combatre-la», en línea en *Vilaweb*: https://www.vilaweb.cat/noticies/lescletxa-orgastica-que-es-i-com-combatre-la/

ARISTÓFANES (1987), *Las avispas · La paz · Las aves · Lisístrata*, traducción de Francisco Rodríguez Adrados, Ediciones Cátedra.

ARISTÓTELES (1943), *Generation of Animals*, traducción de A. I. Peck, Harvard University Press.

BLACKLEDGE, Catherine (2020), *El origen del mundo*, Editorial Península.

BOCCACCIO, Giovanni (2014), *Decamerón*, traducción de Pilar Gómez Bedate, Austral.

CHAUCER, Geoffrey, «The Wife of Bath's Prologue and Tale», en Harvard University, en línea en https://chaucer.fas.harvard.edu/pages/wife-baths-prologue-and-tale-o

CHIVERS, M. L., SETO, M. C. y BLANCHARD, R. (2007), «Gender and sexual orientation differences in sexual response to sexual activities versus gender of actors in sexual films». *Journal of Personality and Social Psychology*, en línea en https://doi.org/10.1037/0022-3514.93.6.1108

CLELAND, John (2014), *Fanny Hill*, traducción de Enrique Martínez Fariñas, La sonrisa vertical, Tusquets Editores.

COOKE, Lucy (2024), *Hembras*, Anagrama Argumentos.

DARDER, Mireia (2015), *Nascudes per al plaer*, Comanegra.

DARWIN, Charles (1896), *The descent of man - Selection in relation to sex*, John Murray.

DE ROJAS, Fernando (2012), *Celestina*, Austral/Espasa.

EIXIMENIS, Francesc (1981), *Lo llibre de les dones*, Universitat de Barcelona, Curial Edicions Catalanes.

FEDERICI, Silvia (2018), *Caliban i la bruixa*, Virus Editorial.

FLAUBERT, Gustave y SAND, George (2010), *Correspondencia*, traducción de Albert Julibert, Marbot Ediciones.

FREUD, Sigmund (1925), *Drei Abhandlungen zur Sexualtheorie*, Franz Deuticke.

FREUD, Sigmund (1926), *Die Frage der Laienanalyse*, Internationaler Psychoanalytischer Verlag.

FRIEDAN, Betty (2009), *La mística de la feminidad*, Ediciones Cátedra.

FREDERICK, David et al. (2017), «Differences in orgasm frequency between gay, lesbian, bisexual and heterosexual men and women in a U.S. national sample», Chapman University, en línea en https://digitalcommons.chapman.edu/psychology_articles/74/

GHODSEE, Kristen (2019), *Por qué las mujeres disfrutan más del sexo bajo el socialismo*, Capitán Swing.

GORWITZ, Natacha (2024), «Marie Bonapare ou l'histoire de la princesse aux 200 clitoris», en línea

en *Heidi*: https://www.heidi.news/explorations/
clitoris-le-sixieme-continent/1-histoi-
re-de-la-princesse-aux-200-clitoris

HIRSCH, Annabelle (2024), *Cosas de mujeres. Una historia en 100 objetos*, Debate.

HITE, Shere (2004), *The Hite report*, Seven Stories Press.

HOMERO (2020), *Odisea*, traducción de Miquel Temprano, Blackie Books.

JACOBSON, John D. et al. (2024), «Orgasmic dysfunction in women», en MedlinePlus, en línea en https://medlineplus.gov/ency/article/001953.htm

JONES, Ernest (1953), *Sigmund Freud: Life and Work*, Hogarth Press.

JULIBERT, Elisenda (2022), *Hombres fatales*, Acantilado.

KRAMER, Heinrich y SPRENGER, Jacobus (1948), *Malleus Maleficarum*, traducción de Montague Summers, The Pushkin Press.

KRAMER, Heinrich y SPRENGER, Jacobus (1975), *Malleus Maleficarum. El martillo de las brujas*, traducción de Floreal Maza, Ediciones Orion.

KRAMER, Heinrich y SPRENGER, Jacobus (2005), *Malleus Maleficarum. El martillo de las brujas*, traducción de Edgardo d'Elio, Círculo Latino Editorial.

LISTER, Kate (2022), *Una curiosa historia del sexo*, Capitán Swing.

LIZÁRRAGA, Alba (2022), «La relación de la autoestima en la satisfacción sexual», en línea en https://titula.universidadeuropea.com/bitstream/handle/20.500.12880/7697/tfm_alba%20lizarraga%20gomez.pdf?sequence=1&isAllowed=y

MALABOU, Catherine (2021), *El placer borrado - Clítoris y pensamiento*, Editorial Palinodia.

NIETZSCHE, Friedrich (1893), *Also sprach Zarathustra*, E. W. Fritzsch.

ORTIZ DE LANDÁZURI, Manuel C. (2025), *La civilización del deseo*, Siglo Veintiuno Editores.

OVIDIO (2022), *Metamorfosis*, La Magrana, Barcelona.

Pazos, Anna (2023), *Poder y deseo*, Fragmenta Editorial.

Pfizer (2023), *Loette*: *Prospecto de Loette 100/20 microgramos*, Irlanda: Pfizer Ireland Pharmaceuticals Unlimited; en línea en https://cima.aemps.es/cima/dochtml/p/65067/Prospecto_65067.html

Real Academia Española 1815 (2015), *Fuero Juzgo*, en línea en https://www.boe.es/biblioteca_juridica/publicacion.php?id=PUB-LH-2015-5

Rousseau, Jean-Jacques (1986), *Emilio o De la educación*, traducción de José Marchena, Club Internacional del Libro.

Safo (2025), *Cantos*, traducción de Maria Rosa Llabrés, Alianza Editorial.

Santa Teresa de Jesús (2014), *Libro de la vida*, Real Academia Española.

Santacana, Joan y Llonch-Molina, Nayra (2023), *Entre sábanas - Matrimonio, sexo y placer en la historia*, Ediciones Trea.

Schopenhauer, Arthur (1851), «Über die Weiber» en línea en Proyecto Gutenberg: https://

www.projekt-gutenberg.org/schopenh/wei-ber/weiber.html

SEGARRA, Marta (2013), *Escriure el desig*, Editorial Afers.

UOC (2014), «La selecció sexual: l'orgasme femení», en línea en https://blogs.uoc.edu/humanitats/ca/11-la-seleccio-sexual-lorgasme-femeni/

VARIOS AUTORES, *Sagrada Bíblia*, versión oficial de la Conferencia Episcopal Española, en línea en https://www.conferenciaepiscopal.es/biblia/

WHARTON, Edith (2020), *La edad de la inocencia*, traducción de Martín Schifino, Ediciones Cátedra.

WOLKENSTEIN, Diana y KRAMER, Samuel Noah (1983), *Inanna, Queen of Heaven and Earth - Her Stories and Hymns from Sumer*, Harper & Row Publishers.

[ā]